Prêt en 1 heure

Pour cuisiner sans stresser

CLOROPHYL
EDITIONS

Sommaire

Desserts

Index

Trucs et astuces
Pour cuisiner sans stresser

S'organiser, faire les courses

■ **Ustensiles :** pour que cuisiner rime avec plaisir, commencez par vous équiper avec les ustensiles de base.

□ Deux couteaux très bien aiguisés (un avec et un sans dents), un épluche-légumes, une râpe, une planche à découper, un fouet, un verre doseur, une petite brosse, des ciseaux, une cuillère en bois.

□ Un ouvre-boîtes, un tire-bouchon, un presse-agrumes, un batteur, un mixer, une casserole de taille moyenne, une poêle, une sauteuse (ou un wok) et un cuit-vapeur électrique.

■ **Légumes :** pour des recettes express, pensez aux légumes surgelés qui vous feront gagner du temps lors de la préparation. Ajoutez des herbes ou un cube de bouillon de légumes pour rehausser le goût. *Gratinée aux oignons et aux poireaux – Cannellonis à la ricotta et aux épinards.*

■ **Quatre-épices :** ce mélange d'épices comprend la cannelle, le clou de girofle, la muscade et le gingembre, et selon les mélanges et les régions, le poivre gris ou le piment. Le Quatre-épices se trouve tout prêt dans les épiceries fines ou au supermarché, au rayon des condiments. Pensez aussi à parfumer vos cakes sucrés avec du Quatre-épices, afin de leur donner un goût exotique. *Gratinée aux oignons et aux poireaux.*

■ **Safran :** le safran en filaments est plus parfumé que le safran en poudre. Et pour une note exotique, vous pouvez en décorer le plat juste avant de servir. *Risotto à la milanaise.*

■ **Tomates confites :** vous les trouverez au rayon épicerie. Conservées dans de l'huile d'olive et légèrement sucrées, elles font merveille à l'apéritif et parfument délicieusement les cakes salés et tous les plats de pâtes. *Cabillaud farci au pistou – Cake aux tomates confites – Salade thaï au bœuf.*

Du côté de la cave*

■ **Décanter un vin** permet d'enlever des dépôts ou d'aérer un vin jeune, pour réveiller ses arômes et adoucir ses tannins. En règle générale, seuls les vins rouges sont carafés. Utilisez une carafe à vin si vous en avez, ou tout simplement une autre bouteille, car c'est le transvasement qui apporte le résultat. Laissez-le ensuite reposer au minimum 2 heures (jusqu'à 6 heures pour les vins les plus corsés). Si vous souhaitez carafer un vieux millésime, faites-le juste avant de passer à table afin de ne pas lui faire perdre ses qualités.

Gagner du temps

■ **Morue :** coupez-la en morceaux, elle dessalera plus rapidement. Placez la peau au-dessus afin de permettre au sel de descendre, et changez l'eau régulièrement. S'il s'agit de morue salée, le temps de trempage est de 24 heures et il faut changer l'eau trois à quatre fois. S'il s'agit de morue séchée et salée, le temps de trempage est à multiplier par deux. Il faut changer l'eau six à huit fois. *Accras de morue.*

■ **Poisson :** si votre plat a pris une odeur de poisson, rincez-le avec de l'eau chaude mélangée à du gros sel. Une astuce de grand-mère indique aussi de frotter le plat avec du marc de café. C'est efficace ! *Cabillaud farci au pistou – Choucroute de la mer – Lasagnes de pommes de terre aux deux saumons – Tartare de poisson et de pommes de terre aux cèpes – Terrine de merlan au curry et aux St-Jacques.*

■ **Pâte brisée :** pour gagner du temps, vous pouvez faire cuire les fonds de tarte la veille. Badigeonnez-les d'un peu de blanc d'œuf afin de les imperméabiliser et conservez-les dans un torchon. Ne les placez pas au réfrigérateur, car le froid ramollit la pâte. *Tarte au citron – Tarte au fromage blanc.*

Remplacer un ingrédient

■ **Mascarpone :** pour alléger une recette, vous pouvez remplacer le mascarpone par du fromage blanc très crémeux mélangé à de la crème fraîche épaisse. *Crème de mascarpone aux fraises.*

■ **Cake salé :** pour multiplier les plaisirs, variez les préparations. Testez les cakes au chèvre et à la courgette, le cake à la mozzarella à la tomate et à la sauge, le cake au jambon cru et aux figues, ou un grand classique, le cake aux olives, au gruyère et au jambon. La préparation de la pâte reste identique. Incorporez les ingrédients après les avoir coupés en petits morceaux. *Cake aux tomates confites.*

■ **Curry :** étonnez vos invités en variant les épices. Remplacez le curry par du gingembre en poudre et une pointe de gingembre frais râpé, ou par du garam massala. *Curry de poulet.* Remplacez aussi le curry par du safran et un filet de citron. *Terrine de merlan au curry et aux St-Jacques.*

Cuisiner en avance

■ **Cake :** les cakes salés tiennent très bien au congélateur. Cuisinez-les en avance, multipliez les parfums et congelez le surplus après les avoir coupés en tranches ou en petits cubes. Décongelez-les à température ambiante et surtout pas au micro-ondes qui les dessècherait. *Cake aux tomates confites.*

■ **Salade :** laver une salade est une corvée ? Lavez-en deux d'un coup ! N'essorez pas trop fortement et mettez les feuilles dans une boite plastique (il en existe avec des aérations, spécialement pour la salade) ou dans un sachet plastique, et conservez dans le bas du réfrigérateur. Vous verrez, vous consommerez de la salade fraîche beaucoup plus souvent ! *Crêpes forestières – Galettes de pommes de terre – Soufflés aux trois fromages.*

Réussir à coup sûr

■ **Soufflés :** voici quelques astuces pour réussir à coup sûr ce plat souvent considéré comme difficile à réaliser. Battez les œufs en neige très ferme et incorporez-les à la béchamel qui doit être encore chaude. Beurrez le moule jusqu'en haut et ne touchez pas les parois beurrées, car les traces de doigts l'empêcheraient de monter. N'ouvrez jamais la porte du four en cours de cuisson, car le soufflé risquerait de retomber. Une fois le temps de cuisson écoulé, vérifiez la cuisson avec la lame d'un couteau. Si elle ressort propre, le soufflé est cuit. *Soufflés aux trois fromages – Soufflés aux framboises.*

■ **Gratins :** pour parfumer un gratin, n'oubliez pas de frotter le plat avec une gousse d'ail avant de le beurrer. *Gratin de pommes de terre au jambon fumé.*

■ **Chou :** pour supprimer les odeurs de chou, blanchissez le chou une première fois. Jetez l'eau et blanchissez-le à nouveau. Divisez le temps total de cuisson en deux. Certaines personnes conseillent aussi de recouvrir la marmite d'un torchon imbibé de vinaigre. À vous d'essayer ! *Chou farci.*

■ **Friture :** pour que l'huile de friture ait une bonne odeur, ajoutez le jus d'un demi-citron dans l'huile froide. *Accras de morue – Beignets à la confiture de framboise.*

■ **Beignets :** pour que vos beignets soient parfaitement dorés, il faut les retourner à mi-cuisson et cuire le second côté sans mettre le couvercle de la friteuse. *Beignets à la confiture de framboise.*

■ **Poivrons :** pour peler facilement des poivrons, il faut au préalable les griller sous le gril du four. Si vous le faites pour la première fois, sachez que cela est très rapide. Restez près du four et tournez-les très régulièrement d'un quart de tour à chaque fois. Si vous manquez de temps, pensez aux poivrons en conserve, déjà pelés. *Petites charlottes aux poivrons.*

■ **Potée :** servez la potée accompagnée d'oignons grelots et d'un assortiment de moutardes (moutarde au curry, au cumin, au paprika, au poivre...). *Potée aux lentilles.*

Accras de morue

Préparation **30 min**   Cuisson **30 min**   Difficulté ★★   Budget ◯

Les Ingrédients
pour 6 personnes

- 650 g de morue dessalée
- 360 g de farine
- 4 gousses d'ail
- 3 œufs
- 2 citrons verts
- 1 sachet de levure
- 1 bouquet de persil
- 1 petit piment
- 2 cuill. à soupe d'huile d'arachide
- Huile de friture
- Sel

Tamisez la farine et la levure dans un saladier. Ajoutez deux pincées de sel et l'huile d'arachide. Mélangez, puis ajoutez de l'eau en filet, en mélangeant sans arrêt, jusqu'à obtention d'une pâte lisse et légèrement fluide. Réservez.

Mettez la morue dans une casserole, couvrez-la d'eau froide et portez à ébullition. Baissez le feu et laissez cuire 15 minutes. Égouttez et effilochez la morue en retirant les arêtes. Hachez la chair de poisson.

Pelez l'ail. Ouvrez le piment en deux et épépinez-le. Lavez, séchez et effeuillez le persil. Hachez-le avec l'ail et le piment. Ajoutez la morue, l'ail et le persil à la pâte. Mélangez bien.

Faites chauffer l'huile de friture dans une grande casserole. Prélevez des petites cuillères de pâte et faites-les glisser dans l'huile bouillante. Laissez-les gonfler. Lorsqu'elles sont bien dorées, retirez-les de l'huile avec une écumoire et posez-les sur du papier absorbant. Recommencez jusqu'à épuisement de la pâte.

Servez aussitôt avec des quartiers de citrons verts.

Vin conseillé Coteaux varois en Provence rosé à 9 °C

Cake
aux tomates confites

Préparation 20 min   Cuisson 40 min   Difficulté ★   Budget ○

Les Ingrédients
pour 6 personnes

- 200 g de farine
- 100 g de tomates confites
- 10 cl d'huile d'olive
- 10 cl de lait
- 3 œufs
- 1 sachet de levure
- 1 cuill. à soupe de farine pour le moule
- 1 cuill. à café de sel fin
- ½ cuill. à café de poivre moulu
- 1 noix de beurre pour le moule

■ Préchauffez le four th 6/7 (200 °C). Versez la farine et la levure dans un saladier. Creusez un puits au centre. Mettez-y l'huile, le lait, le sel et le poivre. Mélangez, puis incorporez les œufs un par un, en mélangeant bien entre chaque œuf.

■ Coupez les tomates confites en petites lamelles. Ajoutez-les à la pâte.

■ Beurrez et farinez un moule à cake. Versez-y la pâte et tapez doucement le fond du moule sur le plan de travail pour faire sortir d'éventuelles bulles d'air. Enfournez et faites cuire 40 minutes.

■ Vérifiez la cuisson avec la lame d'un couteau. Elle doit ressortir sèche et le cake doit être bombé et bien doré.

■ Sortez le cake du four, laissez-le tiédir, puis démoulez-le sur une grille. Servez tiède ou froid, en entrée, ou coupé en petits cubes, à l'apéritif.

Vin conseillé Côtes de Provence blanc à 9 °C

Crêpes forestières

Les Ingrédients
pour 6 personnes

- 12 crêpes
- 5 tranches épaisses de jambon blanc
- 325 g de champignons de Paris
- 3 cuill. à soupe d'huile
- 1 noix de beurre
- Sel, poivre

Pour la sauce béchamel :
- 50 g de farine
- 50 g de beurre
- ½ l de lait froid
- 2 pincées de muscade
- Sel, poivre

■ Faites fondre le beurre dans une casserole. Versez la farine d'un seul coup et faites cuire, sans coloration et en remuant, pendant 2 minutes, puis versez le lait petit à petit en mélangeant. Ajoutez la muscade, salez et poivrez. Faites cuire jusqu'au premiers bouillons. Réservez au chaud.

■ Coupez le jambon en fins bâtonnets. Lavez et séchez les champignons, coupez les pieds et taillez les chapeaux en fines lamelles.

■ Faites chauffer l'huile dans une poêle. Faites-y revenir les lamelles de champignons 5 minutes. Salez et poivrez. Ajoutez le jambon et poursuivez la cuisson 5 minutes. Versez le tout dans la sauce béchamel, puis mélangez.

■ Préchauffez le four th 4 (120 °C). Garnissez la centre de chaque crêpe de béchamel au jambon et aux champignons. Roulez les crêpes et disposez-les dans un plat allant au four. Parsemez d'un peu de beurre et enfournez. Faites réchauffer 15 minutes.

■ Servez dès la sortie du four.

Vin conseillé Touraine rouge à 15 °C

Galettes de pommes de terre au chèvre

Préparation 20 min **Cuisson 30 min** **Difficulté ★★** **Budget ○**

Les Ingrédients
pour 6 personnes

- 800 g de pommes de terre
- 3 tomates
- 2 œufs
- 1 bûche de fromage de chèvre
- 1 branche de romarin
- Huile
- Fleur de sel
- Poivre

■ Préchauffez le four en position gril. Épluchez et râpez les pommes de terre avec une grosse râpe. Mettez-les dans un saladier. Battez les œufs en omelette, ajoutez-les aux pommes de terre, salez, poivrez et mélangez bien.

■ Faites chauffer un peu d'huile dans une poêle. Quand elle est chaude, mettez trois cuillères à soupe de la préparation aux pommes de terre dans la poêle et aplatissez-les en forme de galettes à l'aide d'une spatule. Faites cuire 3 minutes, puis retournez les galettes et poursuivez la cuisson 2 minutes. Égouttez-les sur du papier absorbant et recommencez l'opération jusqu'à épuisement de la préparation.

■ Posez les galettes sur la plaque du four recouverte de papier sulfurisé. Coupez le fromage de chèvre en tranches. Lavez et coupez les tomates en tranches. Effeuillez le romarin.

■ Répartissez les tranches de tomates et de fromage de chèvre sur les galettes de pommes de terre. Salez et poivrez. Enfournez haut dans le four et faites légèrement gratiner.

■ Sortez les galettes du four, disposez-les dans un plat, parsemez-les de romarin et servez aussitôt.

Vin conseillé Montagny à 9 °C

Gratinée aux oignons et aux poireaux

Les Ingrédients
pour 6 personnes

- 300 g d'oignons
- 150 g de gruyère râpé
- 120 g de beurre salé
- 15 g de farine
- 1,5 l de bouillon de volaille
- 3 poireaux
- 2 pincées de mélange quatre épices
- 1 baguette de pain
- Sel, poivre

■ Pelez et émincez finement les oignons. Émincez et lavez les poireaux. Mettez le bouillon de volaille dans une casserole et faites-le chauffer, sans laisser bouillir.

■ Faites fondre le beurre dans une cocotte. Quand il est mousseux, faites-y suer les oignons et les poireaux, en remuant, pendant 5 minutes environ, à feu vif. Saupoudrez-les de farine et de mélange quatre épices, remuez, puis versez le bouillon chaud. Salez et poivrez. Baissez le feu, couvrez et faites cuire doucement pendant 30 minutes.

■ Pendant ce temps, coupez la baguette en tranches et faites-les toaster. Préchauffez le four en position gril.

■ Répartissez la soupe dans six bols ou assiettes creuses allant au four. Posez par-dessus quelques tranches de baguette, parsemez-les de gruyère râpé et enfournez. Faites gratiner pendant 5 minutes environ, en laissant la porte du four entrouverte.

■ Servez dès la sortie du four.

Vin conseillé Bourgogne-Aligoté à 9 °C

Petites charlottes aux poivrons

Préparation **40 min**   Cuisson **15 min**   Difficulté ★★   Budget ◯

Les Ingrédients
pour 6 personnes

- 6 petits fromages de chèvre frais
- 3 poivrons rouges
- 3 poivrons jaunes
- 1 bouquet de basilic
- 8 cl de crème liquide
- Huile d'olive
- Sel
- Poivre du moulin

■ Préchauffez le four en position gril. Lavez les poivrons, essuyez-les et enfournez-les. Faites-les griller jusqu'à ce qu'ils soient complètement noirs. Sortez-les du four et laissez-les refroidir complètement. Ôtez la peau, puis épépinez-les et coupez-les en lanières régulières.

■ Écrasez les fromages de chèvre à la fourchette dans un saladier. Ajoutez la crème et mélangez bien. Lavez, séchez, effeuillez et ciselez finement le basilic. Ajoutez le basilic et trois cuillères à soupe d'huile d'olive dans la préparation au chèvre. Salez et poivrez généreusement.

■ Chemisez six petits ramequins de film alimentaire. Couvrez ensuite le fond et les parois de lanières de poivrons en les chevauchant légèrement et en alternant les couleurs. Disposez une couche de chèvre dans le fond, recouvrez-la de poivrons et ainsi de suite jusqu'à épuisement des ingrédients. Placez au frais pendant 1 heure minimum.

■ Démoulez les charlottes dans des assiettes, retirez le film alimentaire et décorez leur centre de feuilles de basilic.

■ Servez-les avec des fines tranches de pain de campagne toastées et frottées à l'ail.

Vin conseillé Corbières blanc à 13 °C

Rouleaux de printemps

Préparation 35 min · Cuisson 20 min · Difficulté ★★ · Budget ○

Les Ingrédients
pour 6 personnes

- 150 g de filet mignon de porc
- 12 crevettes roses
- 6 feuilles de pâte de riz
- 3 carottes
- 3 ciboules (oignons blancs nouveaux)
- 1 concombre
- 1 bouquet de menthe
- 2 cuill. à soupe d'huile
- 2 cuill. à soupe de sauce soja
- Sel

Pelez les carottes. Taillez-les en julienne très fine et faites-les blanchir 5 minutes dans de l'eau bouillante salée. Égouttez et réservez.

Épluchez le concombre et taillez-le en fine julienne. Lavez et émincez finement les ciboules. Lavez, séchez et effeuillez la menthe. Décortiquez les crevettes.

Taillez le filet mignon en fines lamelles. Faites chauffer l'huile dans une poêle et faites-y revenir les lamelles de porc 5 minutes, en les retournant à mi-cuisson. Salez et versez la sauce soja. Prolongez la cuisson 4 minutes, retirez du feu, puis réservez.

Étalez les feuilles de pâte de riz sur un plan de travail. Garnissez-les de julienne de carottes et de concombre, de ciboules émincées, de feuilles de menthe, des crevettes et de lamelles de porc.

Repliez les feuilles de riz de manière à former un rouleau. Repliez les extrémités vers l'intérieur et emballez-les dans du film alimentaire. Réservez au frais jusqu'au moment de servir.

Vin conseillé Anjou blanc sec à 9 °C

Salade thaï au bœuf

Les Ingrédients
pour 6 personnes

- 500 g de salade de mesclun
- 300 g de lamelles de bœuf fines prises dans le filet
- 60 g de pignons de pin
- 40 g de graines de sésame
- 6 tomates confites
- 4 aubergines
- 2 cuill. à soupe d'huile d'arachide
- Huile d'olive
- Sel, poivre

Pour la sauce :
- 300 g de sauce soja
- 70 g de miel liquide
- 60 g de ketchup
- 60 g de vinaigre de vin
- 60 g de fond de veau
- 30 g de vinaigre balsamique
- 5 cuill. à soupe d'huile d'olive

■ Préchauffez le four en position gril. Lavez les aubergines et coupez-les en tranches dans la longueur. Posez-les sur la plaque du four et arrosez-les d'huile d'olive. Salez et poivrez. Enfournez et faites-les griller environ 10 minutes de chaque côté. Sortez les aubergines du four et laissez-les refroidir avant de les couper en deux.

■ Coupez les tomates confites en lamelles. Lavez, essorez et séchez le mesclun. Versez le miel et le vinaigre de vin dans une casserole et faites réduire jusqu'à obtention d'un caramel. Ajoutez alors la sauce soja, le ketchup et le fond le veau. Mélangez bien et faites réduire jusqu'à obtention d'un sirop. Retirez du feu. Laissez refroidir complètement et ajoutez le vinaigre balsamique et l'huile d'olive. Réservez.

■ Mettez le mesclun, les tomates confites et les aubergines dans un saladier et arrosez-les de la moitié de la sauce. Mélangez bien et réservez. Faites chauffer l'huile d'arachide dans une poêle et faites-y revenir rapidement les lamelles de bœuf. Salez et poivrez. En fin de cuisson, ajoutez le reste de sauce, les graines de sésame et les pignons, mélangez bien et retirez du feu.

■ Répartissez la salade dans des coupelles, couvrez-la de lamelles de bœuf, parsemez de pignons de pin, arrosez de la sauce de la poêle et servez aussitôt.

Vin conseillé Minervois rosé à 9 °C

Soufflés aux trois fromages

Préparation 20 min   **Cuisson 35 min**   **Difficulté** ★★   **Budget** ○

Les Ingrédients
pour 6 personnes

- 75 g de farine
- 60 g de beurre
- 50 g de comté
- 50 g de roquefort
- 50 g de beaufort
- 40 cl de lait
- 8 brins de ciboulette
- 4 œufs
- 1 blanc d'œuf
- 1 pincée de noix de muscade
- 1 noix de beurre pour les moules
- 2 cuill. à soupe de crème fraîche
- Sel, poivre

■ Préchauffez le four th 7 (210 °C). Beurrez six petits moules à soufflé en porcelaine. Séparez les blancs des jaunes d'œufs. Réservez les blancs au réfrigérateur. Râpez le comté et le beaufort, et émiettez le roquefort. Ciselez la ciboulette.

■ Faites fondre le beurre dans une casserole. Quand il est fondu, versez la farine en pluie en fouettant, puis le lait en filet, en fouettant toujours.

■ Ajoutez les trois fromages, la crème, une pincée de muscade moulue, du sel et du poivre. Mélangez bien jusqu'à ce que les fromages soient fondus. Ajoutez alors les jaunes d'œufs et retirez aussitôt du feu. Ajoutez la ciboulette.

■ Montez les blancs en neige avec une pincée de sel et incorporez-les délicatement à la préparation. Versez la pâte dans les moules et enfournez. Faites cuire, en évitant d'ouvrir le four en cours de cuisson, pendant 25 à 30 minutes. Les soufflés doivent être bien gonflés et dorés.

■ Servez dès la sortie du four avec une salade verte.

Vin conseillé Seyssel à 9 °C

Tartare de poisson et de pommes de terre aux cèpes

Préparation 25 min   Cuisson 35 min   Difficulté ★★   Budget ◯

Les Ingrédients
pour 6 personnes

- 400 g de filets de cabillaud sans peau et sans arêtes
- 250 g de cèpes
- 10 g de beurre
- 10 cl de crème fraîche
- 6 œufs de caille
- 6 tranches de fines de bacon
- 6 pommes de terre
- 6 brins de persil
- 2 brins de cerfeuil
- 2 cuill. à soupe d'huile d'olive
- Le jus d'un citron
- Sel, poivre

■ Épluchez les pommes de terre. Mettez-les dans une casserole, couvrez d'eau, salez et portez à ébullition. Faites cuire 25 minutes. Pendant ce temps, hachez grossièrement le poisson. Mettez-le dans un plat, arrosez-le de jus de citron, salez et poivrez. Mélangez et couvrez de film alimentaire. Laissez mariner au frais pendant 20 minutes.

■ Lavez, séchez, effeuillez et ciselez le persil. Nettoyez les champignons et émincez-les finement. Faites chauffer l'huile dans une poêle et faites-y sauter les champignons. Salez et poivrez.

■ Égouttez les pommes de terre et écrasez-les à la fourchette. Ajoutez le beurre, la crème, le persil et les champignons. Mélangez bien et réservez au chaud.

■ Faites griller les tranches de bacon dans une poêle chauffée à blanc. Égouttez-les sur du papier absorbant. Faites cuire les œufs de caille 3 minutes dans de l'eau bouillante salée. Égouttez-les et écalez-les.

■ Mélangez la purée de pommes de terre, les cèpes et le tartare de poisson. Remplissez six ramequins de cette préparation et démoulez-les sur les assiettes. Posez un œuf de caille ouvert par-dessus, ajoutez une tranche de bacon, décorez de cerfeuil et servez aussitôt.

Vin conseillé Graves blanc à 9 °C

Tartelettes savoyardes

Les Ingrédients
pour 6 personnes

- 450 g de pâte feuilletée
- 80 g de beurre
- 12 tranches très fines de jambon cru de Savoie
- 6 œufs de caille
- 6 brins de ciboulette
- 4 pommes de terre à purée
- 2 cuill. à soupe de farine pour le plan de travail
- 1 cuill. à soupe de vinaigre blanc
- Sel, poivre

■ Préchauffez le four th 7/8 (220 °C). Étalez la pâte feuilletée sur un plan de travail fariné. Découpez six disques et placez-les au frais.

■ Épluchez les pommes de terre, mettez-les dans une casserole et couvrez-les d'eau. Salez et portez à ébullition. Faites cuire 20 minutes.

■ Posez les cercles de pâte sur la plaque du four couverte de papier sulfurisé. Enfournez et faites cuire 20 minutes.

■ Lavez et ciselez la ciboulette. Égouttez les pommes de terre et écrasez-les à la fourchette. Ajoutez le beurre en parcelles et la ciboulette ciselée. Mélangez. Faites pocher les œufs de caille un par un dans de l'eau frémissante salée et vinaigrée.

■ Disposez une couche de purée sur les fonds de tarte. Posez par-dessus deux tranches de jambon cru et un œuf poché. Salez et poivrez. Servez aussitôt.

Vin conseillé Roussette de Savoie à 9 °C

Tartine d'omelette à l'espagnole

Préparation **20 min**   Cuisson **40 min**   Difficulté ★★   Budget ○

Les Ingrédients
pour 6 personnes

- 12 tranches de pain de campagne
- 6 œufs
- 1 poivron rouge
- 1 poivron vert
- 1 poivron jaune
- 1 oignon
- 20 g de beurre
- 4 cuill à soupe d'huile d'olive
- Sel, poivre

- Lavez, épépinez et émincez finement les poivrons. Pelez et émincez l'oignon.

- Faites chauffer l'huile dans une cocotte, ajoutez l'oignon et faites-le fondre. Ajoutez les poivrons, salez, poivrez et laissez cuire à feu doux pendant 30 minutes, en remuant régulièrement.

- Faites griller les tartines de pain au four.

- Battez les œufs en omelette, salez, poivrez, puis ajoutez les poivrons et mélangez bien. Faites fondre le beurre dans une poêle, versez-y les œufs et faites cuire 5 minutes à feu vif.

- Roulez délicatement l'omelette et coupez-la en tranches. Posez-les sur les tartines de pain et servez aussitôt.

Vin conseillé Vin de pays d'Oc rouge à 16 °C

Terrine de merlan au curry et aux St-Jacques

Préparation **15 min**   Cuisson **45 min**   Difficulté ⭐⭐   Budget

Les Ingrédients
pour 6 personnes

- 800 g de filets de merlan
- 200 g de fromage blanc
- 6 noix de St-Jacques
- 3 œufs
- 1 cuill. à soupe rase de curry en poudre
- 1 noisette de beurre pour le plat
- Sel, poivre

■ Préchauffez le four th 6 (180 °C). Faites cuire les filets de merlan 5 minutes à la vapeur.

■ Mettez les filets de poisson dans le bol d'un mixeur. Ajoutez le fromage blanc, les œufs entiers, le curry, du sel et du poivre. Faites tourner jusqu'à obtention d'une purée fine.

■ Nettoyez les noix de St-Jacques et coupez-les en petits morceaux. Chemisez une terrine de papier sulfurisé beurré.

■ Versez-y la moitié de la préparation et lissez-la. Parsemez de coquilles St-Jacques et versez le reste de préparation au merlan. Tapez doucement le fond de la terrine sur le plan de travail et lissez bien la surface. Placez la terrine dans un bain-marie et enfournez. Faites cuire 40 minutes.

■ Sortez la terrine du four et laissez-la refroidir avant de la démouler. Servez-la avec une salade de roquette.

Vin conseillé Bergerac blanc sec à 9 °C

Velouté de céleri-rave au lard et à la sauge

Préparation **20 min**   Cuisson **40 min**   Difficulté ★   Budget ○

Les Ingrédients
pour 6 personnes

- 6 tranches fines de lard fumé
- 4 pommes de terre
- 2 tiges de sauge
- 1 boule de céleri-rave
- 30 cl de crème fraîche épaisse
- 50 g de beurre
- Sel, poivre

■ Effeuillez la sauge. Épluchez le céleri-rave et les pommes de terre, coupez-les en petits morceaux et mettez-les dans une casserole avec la moitié des feuilles de sauge. Couvrez-les d'eau, salez et portez à ébullition. Baissez le feu et laissez cuire 30 minutes à feu doux.

■ Quand le céleri et les pommes de terre sont cuits, mixez-les longuement jusqu'à obtention d'une soupe onctueuse.

■ Incorporez alors la crème épaisse et le beurre en fouettant. Salez le velouté et maintenez-le sur feu doux sans le laisser bouillir.

■ Faites dorer les tranches de lard dans une poêle chauffée à blanc jusqu'à ce qu'elles soient croustillantes.

■ Répartissez le velouté dans six assiettes creuses, ajoutez les tranches de lard et les feuilles de sauge, poivrez et servez aussitôt.

Vin conseillé Reuilly blanc à 11 °C

Cabillaud farci au pistou

Préparation 25 min   **Cuisson 30 min**   **Difficulté ★★**   **Budget** 🥚

Les Ingrédients
pour 6 personnes

- 2 filets de cabillaud de 600 g chacun environ
- 6 tomates confites
- 5 gousses d'ail
- 2 gros bouquets de basilic
- 1 bocal de cœurs d'artichauts
- 6 cuill. à soupe d'huile d'olive
- Sel, poivre

■ Lavez, séchez et effeuillez le basilic. Pelez et retirez le germe des gousses d'ail. Mettez le basilic et l'ail dans un pilon. Écrasez-les en incorporant l'huile d'olive au fur et à mesure. Salez et poivrez.

■ Découpez une grande feuille de papier sulfurisé. Posez un des deux filets au centre de la feuille. Recouvrez-le de la sauce au pistou, puis posez le deuxième filet par-dessus. Ficelez les deux filets, sans trop serrer, avec de la ficelle de cuisine.

■ Coupez les cœurs d'artichauts et les tomates confites en deux. Répartissez-les autour du poisson. Salez, poivrez et refermez le papier pour former une papillote.

■ Placez la papillote dans le panier d'un cuit-vapeur. Ajoutez de l'eau, couvrez et faites cuire 30 minutes.

■ Sortez la papillote du cuit-vapeur et servez aussitôt avec des tagliatelles fraîches.

Vin conseillé Pouilly Fumé à 12 °C

Cannellonis à la ricotta et aux épinards

Les Ingrédients
pour 6 personnes

- 12 rectangles de pâte à lasagnes
- 500 g d'épinards frais
- 250 g de ricotta
- 100 g de parmesan râpé
- 30 g de beurre
- 40 cl de sauce tomate
- 1 cuill. à soupe d'huile pour le plat
- Sel, poivre

Nettoyez et épluchez les épinards. Faites fondre le beurre dans une sauteuse. Ajoutez les épinards et faites-les fondre doucement. Salez et poivrez.

En fin de cuisson, ajoutez la ricotta et mélangez bien. Retirez du feu et réservez.

Préchauffez le four en position gril. Plongez les rectangles de lasagnes dans de l'eau bouillante salée et faites-les cuire selon les indications du paquet. Égouttez-les, séchez-les dans un linge, puis étalez-les sur le plan de travail.

Garnissez les lasagnes de préparation aux épinards, puis roulez la pâte sur elle-même. Huilez légèrement un plat à gratin. Posez les roulades dans le plat et arrosez-les de sauce tomate. Saupoudrez généreusement de parmesan râpé. Enfournez et faites gratiner.

Servez dès la sortie du four.

Vin conseillé Cassis blanc à 9 °C

Chou farci

Préparation 20 min   **Cuisson 40 min**   **Difficulté** ★★   **Budget** ⬭

Les Ingrédients
pour 6 personnes

- 24 feuilles de chou vert
- 6 escalopes de veau
- 3 brins d'estragon
- 1 carotte
- 50 g de beurre
- 50 g de farine
- 50 cl de bouillon de volaille
- 2 cuill. à soupe de crème fraîche
- 2 cuill. à soupe d'huile
- Sel, poivre

■ Épluchez et coupez la carotte en tous petits dés. Portez une grande casserole d'eau salée à ébullition. Plongez-y les feuilles de chou et les dés de carotte et faites-les blanchir 5 minutes. Égouttez, puis réservez les feuilles de chou. Effeuillez, ciselez finement et réservez l'estragon.

■ Faites fondre le beurre dans une casserole. Ajoutez la farine d'un seul coup et mélangez pendant 3 minutes, puis versez le bouillon en fouettant. Faites cuire 10 minutes sans ébullition. Salez, poivrez, ajoutez l'estragon, puis retirez du feu. Ajoutez la crème et réservez sur feu très doux.

■ Découpez les escalopes de veau en petits morceaux. Faites chauffer l'huile dans une poêle et faites-y revenir les morceaux de viande avec les dés de carotte, en remuant, pendant 10 minutes. Salez, poivrez, ajoutez une louche de sauce et mélangez bien.

■ Préchauffez le four th 3 (90 °C). Étalez les feuilles de chou deux par deux sur le plan de travail. Garnissez le centre de viande, puis refermez les feuilles de manière à former une paupiette. Ficelez pour maintenir les paupiettes fermées.

■ Posez-les dans des petits plats à four, versez un peu de sauce blanche dans le fond et enfournez. Faites réchauffer 10 minutes. Servez dès la sortie du four.

Vin conseillé Lirac rosé à 10 °C

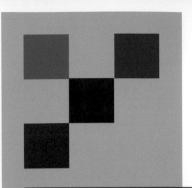

Choucroute de la mer

Les Ingrédients
pour 6 personnes

- 1,2 kg de choucroute cuite
- 450 g de dos de cabillaud
- 350 g de filets de saumon
- 300 g de filets de haddock
- 50 g de beurre
- 1 l de moules cuites décortiquées
- 20 cl de vin blanc (Muscadet)
- 15 cl de sauce au beurre blanc
- 10 cl de lait
- 12 crevettes roses
- 6 baies de genièvre
- 1 cuill. à café de poivre en grains
- Sel

■ Faites fondre le beurre dans une grande cocotte. Faites-y revenir la choucroute sans coloration 5 minutes. Ajoutez les baies de genièvre, le poivre et du sel. Versez le vin blanc et faites chauffer, à feu doux, pendant 15 minutes.

■ Pendant ce temps, mettez les filets de haddock dans une casserole. Arrosez de lait, puis complétez avec de l'eau jusqu'à ce qu'ils soient recouverts. Portez à ébullition, éteignez le feu et laissez pocher 10 minutes. Égouttez le poisson et séparez-le en morceaux. Réservez au chaud.

■ Coupez le cabillaud et le saumon en cubes. Ajoutez-les dans la cocotte de choucroute, ainsi que les crevettes roses et les moules. Couvrez et poursuivez la cuisson 15 minutes.

■ Répartissez la choucroute dans des assiettes avec les poissons, les moules et les crevettes.

■ Faites chauffer la sauce au beurre blanc et servez la choucroute de la mer bien chaude arrosée de sauce.

Vin conseillé Muscadet-Sèvre et Maine à 9 °C

Couscous de légumes

Préparation 20 min   **Cuisson 50 min**   Difficulté ★★   Budget ⬭

Les Ingrédients
pour 6 personnes

- 750 g de semoule de couscous
- 350 g de pois chiches cuits
- 50 g de beurre
- 18 tomates cerises
- 5 oignons rouges
- 3 bulbes de fenouil
- 3 courgettes
- 3 échalotes
- 2 poivrons rouges
- 2 poivrons jaunes
- 12 cuill. à soupe d'huile d'olive
- 6 cuill. à soupe de raisins secs blonds
- 4 cuill. à soupe de vinaigre balsamique
- 2 cuill. à café de tabasco
- 2 cuill. à soupe de curcuma en poudre
- Sel

■ Préchauffez le four th 6/7 (200 °C). Coupez les bulbes de fenouil en lamelles et faites-les cuire 10 minutes dans de l'eau bouillante salée. Égouttez-les. Coupez les poivrons en deux, épépinez-les et coupez-les en lanières. Lavez et coupez les courgettes en bâtonnets sans enlever la peau. Pelez les oignons et coupez-les en huit.

■ Mettez les tomates, le fenouil, les poivrons, les oignons et les courgettes dans un plat allant au four. Fouettez ensemble le vinaigre balsamique, le tabasco et l'huile d'olive, versez-les sur les légumes et mélangez délicatement pour bien enrober tous les légumes. Enfournez et faites cuire pendant 35 minutes. 15 minutes avant la fin de la cuisson, ajoutez les pois chiches et mélangez à nouveau.

■ Pendant ce temps, préparez la semoule. Faites bouillir 1,5 litre d'eau salée additionnée de curcuma. Versez la semoule en pluie et laissez gonfler 5 minutes hors du feu. Quand toute l'eau est absorbée, ajoutez 30 grammes de beurre et remuez à la fourchette pour bien détacher les grains. Réservez au chaud.

■ Pelez les échalotes et faites-les dorer dans une petite poêle avec le beurre restant. Mettez les échalotes dans la semoule, ajoutez les raisins blonds et mélangez.

■ Versez la semoule dans un plat chaud et servez avec les légumes dans leur jus de cuisson.

Vin conseillé Cahors rouge à 15 °C

Curry de poulet

Préparation **15 min** Cuisson **50 min** Difficulté ★ Budget ◯

Les Ingrédients
pour 6 personnes

- 6 blancs de poulet
- 5 oignons
- 2 yaourts
- 1 pomme
- 1 tige de coriandre
- ½ citron
- 3 cuill. à soupe d'huile
- 2 cuill. à soupe de curry en poudre
- Sel, poivre

Coupez les blancs de poulet en petits morceaux. Pelez et émincez les oignons.

Épluchez la pomme et coupez-la en quartiers. Retirez l'intérieur, hachez-la, puis citronnez-la.

Faites chauffer l'huile dans une cocotte. Faites-y revenir les oignons et les morceaux de poulet. Salez, poivrez, puis ajoutez la pomme et poudrez de curry.

Mélangez hors du feu. Ajoutez deux grands verres d'eau et les yaourts. Mélangez et remettez sur feu doux. Couvrez et faites cuire pendant 45 minutes.

Versez le curry dans un plat, parsemez-le de feuilles de coriandre et servez avec du riz basmati.

Vin conseillé Fronsac à 16 °C

Gratin de pommes de terre au jambon fumé

Les Ingrédients
pour 6 personnes

- 1,5 kg de pommes de terre
- 250 g de crème épaisse
- 20 cl de crème fraîche liquide
- 12 tranches fines de jambon fumé
- 2 tiges de persil plat
- 1 cuill. à soupe d'huile pour le plat
- Sel, poivre

■ Préchauffez le four th 6 (180 °C). Pelez et lavez les pommes de terre. Taillez-les en rondelles. Faites-les cuire 15 minutes dans de l'eau salée. Égouttez-les.

■ Disposez une couche de pommes de terre dans le fond d'un plat à gratin préalablement huilé. Salez et poivrez. Étalez un peu de crème fraîche épaisse par-dessus. Remettez une couche de pommes de terre et ainsi de suite jusqu'en haut du plat.

■ Versez la crème liquide par-dessus et enfournez. Faites cuire 35 minutes. Pendant ce temps, coupez le jambon en petites lamelles.

■ 10 minutes avant la fin de la cuisson du gratin, ajoutez sur le dessus les lamelles de jambon fumé.

■ Servez le gratin dès la sortie du four, parsemé de persil haché.

Vin conseillé : St-Chinian rouge à 15 °C

Lasagnes de pommes de terre aux deux saumons

Préparation 20 min **Cuisson 40 min** **Difficulté ★★** **Budget**

Les Ingrédients
pour 6 personnes

- 800 g de pommes de terre à chair ferme
- 500 g de filets de saumon
- 6 tranches de saumon fumé
- 4 tiges d'aneth
- 25 cl de crème fraîche liquide
- 1 cuill. à café de baies roses
- 1 cuill. à soupe d'huile pour le plat
- Sel, poivre

■ Pelez les pommes de terre et coupez-les en rondelles. Faites-les cuire 20 minutes dans de l'eau salée.

■ Coupez les filets de saumon en tranches épaisses et le saumon fumé en lanières. Huilez légèrement un plat à gratin. Lavez, séchez et effeuillez l'aneth. Concassez les baies roses.

■ Préchauffez le four th 6 (180 °C). Disposez une couche de pommes de terre dans le fond du plat. Recouvrez-la de lanières de saumon fumé et de rondelles de pommes de terre. Parsemez de baies roses et d'aneth. Salez et poivrez.

■ Recommencez l'opération jusqu'à épuisement des ingrédients. Arrosez de crème liquide et enfournez. Faites cuire 20 minutes.

■ Sortez du four et servez aussitôt.

Vin conseillé Alsace-Riesling à 9 °C

Lotte sautée aux oignons et à la citronnelle

Préparation **35 min** Cuisson **25 min** Difficulté ★★ Budget 🪙

Les Ingrédients
pour 6 personnes

- 1 queue de lotte de 1,2 kg
- 5 oignons rouges
- 2 tiges de citronnelle fraîche
- 2 ciboules (oignons blancs nouveaux)
- 3 cuill. à soupe d'huile d'arachide
- Sel, poivre

■ Coupez la queue de lotte en tronçons. Épluchez et émincez les ciboules. Lavez, séchez, effeuillez et ciselez finement la citronnelle. Pelez et coupez les oignons en quartiers fins.

■ Faites chauffer l'huile dans une cocotte. Quand elle est chaude, faites-y dorer les tronçons de poisson des deux côtés, puis égouttez-les sur du papier absorbant.

■ Faites revenir les oignons et la ciboule dans l'huile 5 minutes, en remuant. Remettez les morceaux de poisson, salez, poivrez et baissez le feu au minimum. Couvrez et faites cuire 15 minutes, en mélangeant de temps en temps.

■ En fin de cuisson, ajoutez la citronnelle et mélangez bien.

■ Versez la lotte dans un plat et servez avec des petits légumes sautés.

Vin conseillé Alsace-Sylvaner à 9 °C

Paupiettes de veau aux raisins

Les Ingrédients
pour 6 personnes

- 6 paupiettes de veau
- 2 oignons
- 150 g de raisins blancs
- 150 g de raisins noirs
- 60 g de beurre
- 30 cl de fond de veau
- 8 cl d'armagnac
- Sel, poivre

■ Pelez et émincez les oignons.

■ Faites fondre la moitié du beurre dans une cocotte. Ajoutez l'oignon émincé et faites-le blondir en remuant. Ajoutez les paupiettes et faites-les dorer de tous les côtés. Versez la moitié de l'armagnac et faites flamber les paupiettes. Salez et poivrez, puis ajoutez le fond de veau et couvrez. Laissez mijoter à feu doux pendant 40 minutes.

■ Pendant ce temps, égrainez le raisin et faites poêler les grains rapidement dans le reste de beurre. Retirez les grains de la poêle et déglacez-la avec le reste d'armagnac.

■ En fin de cuisson des paupiettes, ajoutez les raisins et le jus de déglaçage dans la cocotte et poursuivez la cuisson quelques minutes.

■ Servez très chaud.

Vin conseillé Chiroubles à 12 °C

Pommes de terre gratinées aux lardons

Préparation **30 min**   Cuisson **30 min**   Difficulté ★   Budget ○

Les Ingrédients
pour 6 personnes

- 12 pommes de terre
- 150 g de poitrine fumée
- 250 g d'emmental râpé
- Sel, poivre

■ Lavez les pommes de terre. Mettez-les dans une casserole, couvrez-les d'eau, salez et portez à ébullition. Laissez cuire 20 minutes.

■ Coupez la poitrine fumée en lardons très fins. Faites chauffer une poêle à blanc. Faites-y revenir rapidement les lardons en remuant avec une spatule.

■ Égouttez les pommes de terre et laissez-les tiédir pour pouvoir les manipuler sans vous brûler. Préchauffez le four en position gril.

■ Evidez légèrement les pommes de terre en réservant la chair dans un saladier. Ajoutez l'emmental et les lardons à la chair de pommes de terre. Poivrez et mélangez. Remplissez les pommes de terre du mélange et posez-les dans un plat en les callant les unes contre les autres.

■ Enfournez et faites gratiner. Servez dès la sortie du four.

Vin conseillé Anjou rouge à 12 °C

Potée aux lentilles

Préparation **20 min**   Cuisson **40 min**   Difficulté ★   Budget ○

Les Ingrédients
pour 6 personnes

- 4 saucisses de Morteau
- 3 carottes
- 2 oignons
- 2 clous de girofle
- 450 g de lentilles vertes du Puy
- 375 g de poitrine fumée
- 3 cuill. à soupe d'huile
- Sel, poivre

■ Pelez et émincez finement les oignons. Pelez et coupez les carottes en tous petits dés.

■ Faites chauffer l'huile dans une cocotte. Faites-y revenir les oignons et les carottes 2 minutes en remuant, puis versez les lentilles.

■ Mélangez, salez et poivrez. Versez de l'eau de manière à couvrir largement les lentilles. Ajoutez les clous de girofle et portez à ébullition.

■ Pendant ce temps, coupez les saucisses en rondelles épaisses et la poitrine fumée en tranches. Quand l'eau bout, ajoutez les rondelles de saucisses et les morceaux de poitrine fumée. Baissez le feu et laissez cuire 30 minutes.

■ Servez dès la fin de la cuisson.

Vin conseillé Médoc à 14 °C

Risotto à la milanaise

Préparation **20 min**   Cuisson **35 min**   Difficulté ★★   Budget ◯

Les Ingrédients
pour 6 personnes

- 375 g de riz rond
- 50 g de copeaux de parmesan
- 50 g de parmesan râpé
- 45 g de beurre
- 90 cl de bouillon de légumes
- 15 cl de vin blanc sec
- 5 cuill. à soupe d'huile d'olive
- 2 oignons
- 1 dose de safran en filaments
- Sel, poivre

■ Épluchez et hachez les oignons.

■ Faites chauffer l'huile dans une cocotte. Quand elle est chaude, faites-y revenir les oignons et le riz sans coloration, en remuant.

■ Mouillez le riz et les oignons avec le vin et laissez cuire, en mélangeant sans arrêt, jusqu'à complète absorption du vin par le riz.

■ Versez alors le bouillon chaud et ajoutez le safran. Faites cuire 20 minutes environ à feu doux, en mélangeant très souvent. Salez, poivrez, puis incorporez le beurre et les trois quarts du parmesan râpé. Retirez du feu et laissez reposer quelques minutes.

■ Répartissez le risotto dans les assiettes, saupoudrez du reste de parmesan râpé et décorez de copeaux de parmesan. Servez aussitôt.

Vin conseillé Côtes de Bourg rouge à 15 °C

Rôti de porc au fromage et à la sauge

Préparation **15 min**   Cuisson **50 min**   Difficulté ★★   Budget ⬭

Les Ingrédients
pour 6 personnes

- 1 rôti de porc de 1 kg
- 1 petit bouquet de sauge
- 150 g de fromage frais de type St-Moret
- ½ cuill. à café de baies roses
- Huile d'olive
- Gros sel
- Poivre du moulin

■ Préchauffez le four th 7 (210 °C). Lavez et séchez la sauge. Gardez de côté deux petits bouquets pour la décoration, effeuillez et ciselez finement le reste.

■ Écrasez le fromage frais. Salez et poivrez, puis ajoutez la sauge ciselée et un filet d'huile d'olive. Mélangez bien.

■ Avec un couteau à grande lame, ouvrez le rôti en deux sans aller jusqu'au bout de manière à ce que les deux moitiés restent jointes. Étalez la préparation au fromage à l'intérieur du rôti, puis refermez-le et ficelez-le.

■ Posez le rôti farci dans un plat, arrosez-le d'un filet d'huile d'olive et poivrez. Versez un petit verre d'eau dans le fond du plat et enfournez. Faites cuire 50 minutes, en arrosant le rôti régulièrement.

■ Sortez le rôti du four, parsemez-le de gros sel, de baies roses et décorez-le de bouquets de sauge. Servez accompagné de tagliatelles fraîches.

Vin conseillé Bourgueil rouge à 15 °C

Saumon en papillotes à la tapenade

Préparation 25 min   **Cuisson 30 min**   Difficulté ★   Budget ◯

Les Ingrédients
pour 6 personnes

- 2 filets de saumon sans peau de 800 g chacun
- 2 oignons rouges
- 2 tiges d'aneth
- 1 petit bocal de tapenade noire
- 2 cuill. à soupe d'huile d'olive
- 1 cuill. à soupe de câpres
- Sel, poivre

■ Lavez, séchez, effeuillez et ciselez l'aneth. Pelez et émincez les oignons.

■ Découpez deux grands rectangles de papier sulfurisé. Posez les filets sur le papier. Arrosez-les d'huile d'olive, salez et poivrez.

■ Recouvrez-les d'une couche de tapenade, puis parsemez-les de câpres, d'oignons émincés et d'aneth ciselée.

■ Repliez le papier sulfurisé de manière à former des papillotes. Placez les papillotes dans le panier d'un cuit-vapeur. Ajoutez de l'eau dans le fond du cuit-vapeur, couvrez et faites cuire 30 minutes.

■ Servez dès la sortie du four avec du riz blanc en accompagnement.

Vin conseillé Sauvignon à 9 °C

Bavarois au chocolat et à la vanille

Préparation **45 min**   Cuisson **15 min**   Difficulté ★★   Budget ○

Les Ingrédients
pour 6 personnes

Pour la préparation au chocolat :

- 4 feuilles de gélatine
- 3 jaunes d'œufs
- ¼ l de lait
- 25 cl de crème liquide
- 125 g de chocolat
- 90 g de sucre en poudre

Pour la préparation à la vanille :

- 4 jaunes d'œufs
- 4 feuilles de gélatine
- ¼ l de lait
- 25 cl de crème liquide
- 75 g de sucre en poudre
- 1 cuill. à café de vanille en poudre

■ Préparez la crème chocolat : faites ramollir la gélatine dans de l'eau froide. Cassez le chocolat dans une casserole. Ajoutez le lait et faites fondre à feu doux, en remuant régulièrement, jusqu'à obtention d'une pâte lisse.

■ Retirez du feu et ajoutez les jaunes d'œufs, puis le sucre, en fouettant sans arrêt. Remettez sur feu doux et faites cuire 5 minutes, sans cesser de fouetter. Retirez du feu. Essorez la gélatine et faites-la fondre dans le chocolat, en fouettant. Laissez refroidir. Montez la crème en chantilly. Quand elle est bien ferme, incorporez-la à la préparation au chocolat. Chemisez un moule de film alimentaire. Versez-y la préparation et placez au frais.

■ Préparez la crème vanille : portez le lait à ébullition. Retirez le lait de feu, ajoutez la vanille, couvrez et laissez infuser. Faites ramollir la gélatine dans de l'eau froide. Fouettez les jaunes d'œufs avec le sucre jusqu'à ce que le mélange blanchisse.

■ Versez le lait au-dessus du mélange jaunes d'œufs-sucre, en fouettant sans arrêt. Reversez le tout dans la casserole et faites cuire, en mélangeant sans arrêt avec une spatule en bois, jusqu'à ce que la crème nappe la cuillère. Retirez du feu. Essorez la gélatine et faites-la fondre dans la crème en fouettant. Laissez tiédir. Montez la crème liquide en chantilly et incorporez-la délicatement à la crème.

■ Versez la crème vanille sur la crème au chocolat dans le moule et placez au frais pendant 1 heure au minimum. Démoulez dans un plat et servez très frais.

Vin conseillé Crémant de Loire blanc à 9 °C

Beignets à la confiture de framboise

Les Ingrédients
pour 6 personnes

- 6 œufs
- 1 verre d'eau (20 cl)
- 1 pot de confiture de framboise
- 1 kg de farine
- 80 g de levure
- 8 cuill. à soupe de sucre en poudre
- 2 cuill. à soupe de farine pour le plan de travail
- Huile végétale pour friture
- Sucre cristal

■ Mélangez la levure, le sucre, les œufs préalablement battus en omelette, l'eau et la farine. Pétrissez jusqu'à obtention d'une pâte homogène. Couvrez et laisser reposer pendant 1 heure 30.

■ Étalez la pâte sur un plan de travail fariné et découpez des cercles à l'aide d'un emporte-pièce ou d'un verre. Faites un trou au centre à l'aide d'un emporte-pièce plus petit. Laissez reposer ½ heure.

■ Faites chauffer l'huile dans une grande casserole. Plongez-y un beignet et faites-le frire jusqu'à ce qu'il soit doré et gonflé. Égouttez-le sur du papier absorbant. Recommencez l'opération jusqu'à épuisement de la pâte.

■ Coupez les beignets en deux dans le sens de l'épaisseur, garnissez-les de confiture et saupoudrez-les de sucre cristal.

■ Servez tiède.

Vin conseillé Saumur blanc mousseux à 9 °C

Charlotte aux mirabelles et aux épices

Les Ingrédients
pour 6 personnes

- 1 kg de mirabelles
- 100 g de miel
- 20 langues de chat
- 3 feuilles de gélatine
- 1 bâton de cannelle
- 1 étoile de badiane
- 1 gousse de vanille
- 1 cuill. à café de cannelle en poudre

Faites ramollir les feuilles de gélatine dans de l'eau froide. Lavez, séchez et dénoyautez les mirabelles.

Mettez-les dans une casserole. Ajoutez les épices et le miel, puis deux cuillères à soupe d'eau. Placez la casserole sur feu vif et portez à ébullition. Baissez le feu, couvrez et poursuivez la cuisson 20 minutes, en remuant régulièrement.

Pendant ce temps, chemisez un moule à charlotte de film alimentaire, puis disposez les langues de chat tout autour.

Retirez la compote de mirabelles du feu. Ôtez la vanille et l'étoile de badiane. Essorez la gélatine et faites-la fondre, en mélangeant bien, dans la compote de mirabelles. Laissez tiédir. Versez la compote dans le moule et placez au frais pendant au moins 1 heure.

Démoulez dans un plat et servez aussitôt.

Vin conseillé Sainte-Croix-du-Mont à 7 °C

Crème de mascarpone aux fraises

Préparation 50 min   Cuisson **sans**   Difficulté ★★   Budget ⬭

Les Ingrédients
pour 6 personnes

- 250 g de mascarpone
- 200 g de fraises
- 100 g de sucre en poudre
- 20 cl de crème liquide
- 15 spéculos (biscuits secs)
- 3 œufs
- 2 feuilles de gélatine
- 2 cuill. à soupe de liqueur de fraise des bois
- 1 pot de coulis de fraises
- Le jus d'un citron

■ Lavez, équeutez et coupez les fraises en quatre dans un saladier. Ajoutez la liqueur de fraise des bois, mélangez et laissez mariner au frais.

■ Pendant ce temps, fouettez la crème liquide jusqu'à ce qu'elle soit bien ferme. Séparez les blancs des jaunes d'œufs. Fouettez les jaunes d'œufs et le sucre jusqu'à ce que le mélange blanchisse.

■ Faites ramollir la gélatine dans de l'eau froide. Faites chauffer le jus de citron, puis, en dehors du feu, faites-y fondre la gélatine bien essorée. Versez dans le mascarpone en fouettant bien et ajoutez cette préparation au mélange jaunes d'œufs-sucre. Mélangez bien.

■ Montez les blancs en neige très ferme et incorporez-les à la préparation, ainsi que la crème montée. Chemisez une terrine de papier sulfurisé. Versez la moitié de la crème dans le fond, répartissez les fraises et les spéculos cassés en petits morceaux. Recouvrez du reste de crème et placez au frais pendant au moins 1 heure.

■ Au moment de servir, démoulez la terrine dans un plat et coupez-la en tranches épaisses. Servez avec le coulis de fraises.

Vin conseillé Cabernet d'Anjou demi-sec à 11 °C

Crèmes brûlées au gingembre

Préparation **10 min**   Cuisson **55 min**   Difficulté ★★   Budget ⬭

Les Ingrédients
pour 6 personnes

- 6 jaunes d'œufs
- 60 cl de crème liquide
- 120 g de sucre roux
- 45 g de sucre en poudre
- 10 g de gingembre râpé

■ Préchauffez le four th 4 (120 °C). Fouettez les jaunes d'œufs avec le sucre en poudre et le gingembre râpé. Ajoutez la crème liquide en filet, en fouettant sans arrêt.

■ Répartir la crème dans six petits plats à four individuels. La crème ne doit pas avoir plus de 1 cm d'épaisseur.

■ Posez les plats sur la lèchefrite et versez de l'eau chaude à mi-hauteur des plats. Enfournez et faites cuire 50 minutes.

■ Sortez les crèmes du four et laissez-les entièrement refroidir avant de les placer au frais pendant au moins 1 heure.

■ Au moment de servir, saupoudrez les crèmes de sucre roux et passez-les sous le gril afin de faire caraméliser. Servez aussitôt.

Vin conseillé Loupiac à 7 °C

Flan au caramel

Préparation **10 min**   Cuisson **55 min**   Difficulté ★★   Budget ○

Les Ingrédients
pour 6 personnes

- 15 morceaux de sucre
- 6 œufs
- ½ l de lait
- 120 g de sucre en poudre
- 1 cuill. à soupe de fécule

■ Mettez les morceaux de sucre dans une casserole avec deux cuillères à soupe d'eau. Faites cuire sur feu doux, sans remuer, jusqu'à obtention d'un caramel ambré. Versez le caramel dans un moule à manqué et tournez le moule dans tous les sens afin de bien répartir le caramel sur tout le fond.

■ Préchauffez le four th 6/7 (200 °C). Portez le lait à ébullition.

■ Pendant ce temps, fouettez les œufs entiers avec le sucre en poudre. Ajoutez la fécule. Aux premiers frémissements du lait, retirez-le du feu et versez-le en filet sur la préparation aux œufs, en fouettant sans arrêt.

■ Versez la préparation dans le moule. Posez le moule dans un grand plat rempli d'eau aux deux tiers et enfournez pendant 45 minutes.

■ Sortez le moule du four et du bain-marie et laissez-le tiédir. Démoulez le flan dans un plat légèrement creux et laissez-le refroidir avant de servir.

Vin conseillé Muscat de Mireval à 8 °C

Gâteau aux amandes et aux oranges confites

Préparation 25 min   **Cuisson 25 min**   Difficulté ★   Budget ○

Les Ingrédients
pour 6 personnes

- 120 g de sucre glace
- 100 g de poudre d'amande
- 75 g d'écorce d'orange confite
- 60 g de beurre
- 40 g de farine
- 3 œufs
- 2 blancs d'œufs
- 1 noisette de beurre pour le moule

■ Préchauffez le four th 7/8 (220 °C). Coupez l'écorce d'orange en tous petits dés. Faites fondre le beurre et laissez-le refroidir.

■ Versez la poudre d'amande et le sucre glace dans le bol d'un mixeur. Ajoutez-y les blancs d'œufs et mixez jusqu'à obtention d'une pâte.

■ Incorporez alors les œufs entiers, puis la farine, le beurre fondu et les dés d'écorce d'orange, tout en continuant à mixer.

■ Beurrez un moule à manqué et versez-y la préparation. Enfournez pendant 10 minutes. Baissez le thermostat à 6 (180 °C) et poursuivez la cuisson 15 minutes.

■ Démoulez le gâteau sur une grille et laissez-le refroidir avant de servir.

Vin conseillé Coteaux du Layon à 7 °C

Mille-feuille à la vanille

Préparation 25 min   **Cuisson 35 min**   Difficulté ★★   Budget ◯

Les Ingrédients
pour 6 personnes

- 400 g de pâte feuilletée en boule
- 150 g de sucre en poudre
- 75 g de farine
- 50 g de sucre glace
- ½ l de lait
- 4 jaunes d'œufs
- 1 gousse de vanille
- 1 noisette de beurre pour le papier sulfurisé
- 2 cuill. à soupe de farine pour le plan de travail

■ Fendez la gousse de vanille en deux. Versez le lait dans une casserole, ajoutez-y la gousse de vanille et portez à ébullition. Pendant ce temps, fouettez les jaunes d'œufs avec le sucre, puis ajoutez la farine. Fouettez bien.

■ Ôtez la gousse de vanille, puis versez le lait chaud en filet dans le mélange jaunes d'œufs-sucre, en fouettant. Transvasez la crème dans la casserole et faites chauffer, en fouettant sans arrêt, jusqu'à ce que la crème épaississe. Versez-la dans un saladier et laissez-la refroidir.

■ Préchauffez le four th 7 (210 °C). Étalez la pâte feuilletée sur le plan de travail fariné. Découpez six rectangles égaux. Posez-les sur une feuille de papier sulfurisé beurré, puis sur la plaque du four. Enfournez pendant 20 minutes.

■ Sortez les feuilletés du four et laissez-les refroidir, puis coupez délicatement chaque feuilleté en quatre dans l'épaisseur avec un couteau à dents. Montez ensuite les mille-feuilles en alternant une couche de feuilleté et une couche de crème. Terminez par une couche de feuilleté et poudrez de sucre glace.

■ Servez les mille-feuilles immédiatement.

Vin conseillé Montlouis sur Loire mousseux à 9 °C

Mini charlottes aux fruits

Les Ingrédients
pour 6 personnes

- 1 plaque de génoise fine
- 3 feuilles de gélatine
- 2 pêches
- 2 blancs d'œufs
- 100 g de groseilles
- 100 g de mûres
- 100 g de sucre en poudre
- 20 cl de crème liquide
- 2 cuill. à soupe de sirop de fraises
- 1 pincée de sel

■ Versez le sirop dans un bol, ajoutez deux cuillères à soupe d'eau et mélangez.Imbibez la génoise de sirop de fraise à l'aide d'un pinceau, puis découpez-la en bande de 3 cm de large environ. Mouillez l'intérieur de petits moules à charlotte et chemisez-les de film alimentaire. Garnissez les moules de génoise et placez-les au frais.

■ Faites ramollir les feuilles de gélatine dans de l'eau froide. Essorez-la bien et faites-la fondre dans deux cuillères à soupe d'eau bouillante.

■ Lavez et équeutez les groseilles. Pelez et coupez les pêches en petits morceaux. Mixez tous les fruits ensemble pour les réduire en purée. Ajoutez la gélatine fondue et mélangez bien.

■ Montez la crème en chantilly en ajoutant le sucre petit à petit quand elle commence à prendre. Montez les blancs en neige très ferme avec le sel. Incorporez la chantilly, puis les blancs en neige à la purée de fruits.

■ Remplissez les moules de mousse de fruits et placez au frais pendant ½ heure. Démoulez au moment de servir.

Vin conseillé Côtes de Bergerac blanc à 7 °C

Soufflés aux framboises

Les Ingrédients
pour 6 personnes

- 5 œufs
- 1 gousse de vanille
- 1 petit pot de confiture de framboise
- 40 cl de lait
- 400 g de framboises
- 150 g de sucre en poudre
- 90 g de beurre
- 70 g de farine
- 20 g de fécule
- Sucre glace
- 1 noix de beurre pour les ramequins

Versez le lait dans une casserole avec 70 g de sucre et la gousse de vanille fendue en deux dans la longueur. Portez à ébullition, puis retirez la vanille. Séparez les blancs des jaunes d'œufs. Réservez les blancs au frais.

Faites fondre le beurre dans une casserole. Quand il se met à mousser, retirez du feu et ajoutez d'un coup la farine et la fécule. Mélangez bien et remettez sur feu doux. Versez alors le lait bouillant en mélangeant avec une spatule. Laissez bouillir 2 minutes, retirez du feu et laissez refroidir.

Incorporez les jaunes d'œufs à la préparation. Montez les blancs en neige, puis incorporez-les délicatement à la préparation. Ajoutez les framboises et mélangez délicatement en soulevant bien la préparation.

Préchauffez le four th 6/7 (200 °C). Beurrez et poudrez de sucre six ramequins à bords hauts. Versez la pâte dans les moules et enfournez. Faites cuire 25 minutes sans ouvrir la porte du four.

Sortez les soufflés du four, saupoudrez-les de sucre cristal et servez-les aussitôt avec la confiture de framboise.

Vin conseillé Clairette de Die à 7 °C

Tarte au chocolat

Préparation 25 min   **Cuisson 35 min**   **Difficulté ★★**   **Budget ⬭**

Les Ingrédients
pour 6 personnes

Pour la pâte :
- 600 g de beurre ramolli
- 100 g de farine
- 3 cuill. à soupe de farine pour le plan de travail et le moule
- 1 cuill. à café de sucre en poudre
- 1 pincée de sel
- 1 noix de beurre pour le moule

Pour la garniture :
- 100 g de chocolat noir
- 40 g de pistaches concassées finement
- 30 g de crème liquide
- 10 g de beurre
- 2 pincées de cannelle en poudre

■ Préparez la pâte : mettez la farine, le sucre et le sel dans un saladier. Ajoutez le beurre ramolli en parcelles et travaillez jusqu'à obtention d'un mélange sableux. Ajoutez alors petit à petit un demi-verre d'eau et travaillez la pâte avec la paume de la main jusqu'à ce qu'elle soit homogène et lisse. Formez une boule et couvrez-la d'un linge. Placez-la au frais.

■ Préchauffez le four th 6 (180 °C). Beurrez et farinez un moule à tarte. Étalez la pâte sur un plan de travail fariné, puis garnissez-en le moule. Piquez la pâte avec une fourchette et couvrez-la de papier sulfurisé. Remplissez de haricots secs.

■ Enfournez le fond de tarte et faites cuire 30 minutes. Sortez le fond de tarte du four et laissez refroidir.

■ Cassez le chocolat dans une jatte. Faites bouillir la crème, puis versez-la sur le chocolat, en remuant, jusqu'à obtenir une crème lisse. Incorporez alors le beurre en petits morceaux. Versez la crème au chocolat dans le fond de tarte et mettez-la au frais pendant 1 heure.

■ Démoulez au moment de servir. Saupoudrez de cannelle et parsemez de pistaches.

Vin conseillé Blanquette de Limoux à 7 °C

Tarte au citron

Préparation **20 min**   Cuisson **40 min**   Difficulté ★★   Budget ◯

Les Ingrédients
pour 6 personnes

- 250 g de pâte brisée
- 300 g de sucre en poudre
- 80 g de beurre
- 6 œufs
- 3 citrons non traités
- 1 citron confit
- 1 noisette de beurre pour le moule
- 2 cuill. à soupe de farine pour le plan de travail

■ Préchauffez le four th 7 (210 °C). Lavez soigneusement les citrons et séchez-les. Râpez finement le zeste et pressez le jus. Faites fondre le beurre.

■ Fouettez les œufs entiers avec le sucre. Ajoutez alors le zeste, le jus de citron et le beurre fondu.

■ Étalez la pâte sur un plan de travail fariné. Piquez la pâte avec une fourchette et garnissez-en un moule à tarte beurré. Recouvrez-la de papier sulfurisé et remplissez de haricots secs. Enfournez et faites cuire 15 minutes.

■ Sortez le fond de tarte du four et baissez le four th 6 (180 °C). Retirez le papier sulfurisé et les haricots secs. Versez la préparation dans le fond de tarte et enfournez. Faites cuire 25 minutes.

■ Sortez la tarte du four et laissez-la complètement refroidir. Avant de servir, décorez de rondelles de citron confites.

Vin conseillé Cadillac moelleux à 7 °C

Tarte au fromage blanc

Préparation 15 min   Cuisson 40 min   Difficulté ★   Budget ⬭

Les Ingrédients
pour 6 personnes

- 1 rouleau de pâte brisée
- 4 œufs
- 1 noisette de beurre pour le moule
- 500 g de fromage de type Saint-Florentin (ou faisselle)
- 100 g de sucre en poudre
- 80 g de raisins secs
- Quelques gouttes d'extrait de vanille
- Sucre glace

- Faites tremper les raisins dans de l'eau tiède durant 15 minutes.

- Préchauffez le four th 6 (180 °C). Beurrez un moule à tarte et garnissez-le de pâte. Piquez le fond avec une fourchette.

- Fouettez le Saint-Florentin avec le sucre, les œufs entiers, l'extrait de vanille et les raisins secs égouttés.

- Versez la préparation dans le fond de tarte, saupoudrez légèrement de sucre glace et enfournez. Faites cuire 40 minutes.

- Sortez la tarte du four, laissez refroidir complètement avant de démouler et de servir.

Vin conseillé Muscat de Beaumes de Venise à 9 °C

Tarte tatin

Préparation 20 min　　**Cuisson 40 min**　　Difficulté ★★　　Budget ○

Les Ingrédients
pour 6 personnes

- 1 rouleau de pâte feuilletée
- 1 kg de pommes
- 200 g de sucre en poudre
- 100 g de beurre
- 1 cuill. à café de cannelle en poudre
- 1 pot de crème fraîche épaisse

■ Préchauffez le four th 7 (210 °C). Pelez les pommes et coupez-les en quartiers.

■ Versez le sucre dans un moule à manqué à bords hauts pouvant aller sur le feu. Ajoutez le beurre coupé en parcelles. Mettez le moule sur feu doux et faites cuire doucement jusqu'à obtention d'un caramel blond. Posez alors les quartiers de pommes dans le caramel et faites-les cuire, en les retournant régulièrement, jusqu'à ce qu'ils soient tendres et entièrement enrobés de caramel (faites attention à ne pas vous brûler durant cette délicate opération. Si vous devez tenir le moule, utilisez un torchon).

■ Quand les pommes sont prêtes, poudrez-les de cannelle. Retirez le moule du feu et laissez refroidir quelques minutes.

■ Posez la pâte sur les pommes et, à l'aide du manche d'une cuillère à soupe, rentrez les bords de la pâte entre le moule et les pommes. Enfournez et faites cuire 25 à 30 minutes. La pâte doit être dorée.

■ Sortez le moule du four et laissez refroidir 5 minutes. Posez un plat sur le moule et démoulez la tarte dans le plat en la retournant délicatement. Servez avec la crème fraîche.

Vin conseillé Rosette moelleux à 7 °C

Index

Recette	Préparation	Cuisson	Difficulté	Budget	Vin	Page
Lasagnes de pommes de terre aux deux saumons	20 min	40 min	★★	⊜	Alsace-Riesling à 9 °C	48
Lotte sautée aux oignons et à la citronnelle	35 min	25 min	★★	⊜	Alsace-Sylvaner à 9 °C	50
Paupiettes de veau aux raisins	10 min	50 min	★★	⊜	Chiroubles à 12 °C	52
Pommes de terre gratinées aux lardons	30 min	30 min	★	⊖	Anjou rouge à 12 °C	54
Potée aux lentilles	20 min	40 min	★	⊖	Médoc à 14 °C	56
Risotto à la milanaise	20 min	35 min	★★	⊖	Côtes de Bourg rouge à 15 °C	58
Rôti do porc au fromage et à la sauge	15 min	50 min	★★	⊜	Bourgueil rouge à 15 °C	60
Saumon en papillotes à la tapenade	25 min	30 min	★	⊜	Sauvignon à 9 °C	62
Desserts						
Bavarois au chocolat et à la vanille	45 min	15 min	★★★	⊖	Crémant de Loire blanc à 9 °C	64
Beignets à la confiture de framboise	35 min	20 min	★	⊖	Saumur blanc mousseux à 9 °C	66
Charlotte aux mirabelles et aux épices	30 min	20 min	★★	⊖	Sainte-Croix-du-Mont à 7 °C	68
Crème de mascarpone aux fraises	50 min		★★★	⊖	Cabernet d'Anjou demi-sec à 11 °C	70
Crèmes brûlées au gingembre	10 min	55 min	★★	⊖	Loupiac à 7 °C	72
Flan au caramel	10 min	55 min	★★	⊖	Muscat de Mireval à 8 °C	74
Gâteau aux amandes et aux oranges confites	25 min	25 min	★	⊖	Coteaux du Layon à 7 °C	76
Mille-feuille à la vanille	25 min	35 min	★★★	⊖	Montlouis sur Loire mousseux à 9 °C	78
Mini charlottes aux fruits	1 h		★★	⊖	Côtes de Bergerac blanc à 7 °C	80
Soufflés aux framboises	25 min	35 min	★★★	⊖	Clairette de Die à 7 °C	82
Tarte au chocolat	25 min	35 min	★★	⊖	Blanquette de Limoux à 7 °C	84
Tarte au citron	20 min	40 min	★★	⊖	Cadillac moelleux à 7 °C	86
Tarte au fromage blanc	15 min	40 min	★	⊖	Muscat de Beaumes de Venise à 9 °C	88
Tarte tatin	20 min	40 min	★★★	⊖	Rosette moelleux à 7 °C	90

Index par ingrédients

Fruits

Légumes

Champignons

Herbes

© 2006, Éditions Clorophyl

Textes des recettes. Crédits iconographiques : Agence Sucré Salé
Photographes : Bagros, Bilic, Bono, Desgrieux, Fénot, Fleurent, Guedes, Hall,
Hammond, Lawton, Marielle, Muriot, Radvaner, Renaudin, Roulier-Turiot, Subiros et Viel
Conception et adaptation : Idées Book
Création et mise en page : a linea infographie et création
Code Éditeur : 2-35086
Dépôt légal : Septembre 2006
Imprimé et relié en France